Mögen alle Wesen die eigene Weite und Tiefe
wie den Urgrund ihres Seins erfahren.

KONRAD POLAK

IN MIR DAS ALL

GEDICHTE VOM SEIN

© 2013 tao.de in: J. Kamphausen Mediengruppe GmbH, Bielefeld
Autor: Konrad Polak
Verlag: tao.de in: J. Kamphausen Mediengruppe GmbH, Bielefeld
ISBN: 978-3-95529-288-1
Printed in Germany
Bibliografische Information der Deutschen Nationalbibliothek:
Die Deutsche Nationalbibliothek verzeichnet diese Publikation in der Deutschen Nationalbibliografie; detaillierte bibliographische Daten sind im Internet über
http://dnb.d-nb.de abrufbar.

INHALTSVERZEICHNIS

ICH ?

DER WEG

IN DER WELT

DAS ALL

LIED VOM SEIN

Mitten im Nichts – das All,
leuchtende Galaxien,
Sonnen, Planeten, Kometen.

Inmitten der Leere
lebende Wesen,
Wachsen und Blühen,
Frucht tragen und Vergehen.

Da ist Staunen,
dass etwas ist
und wie schön es ist.

Die Vergänglichkeit
macht Sein so kostbar;
die Zerbrechlichkeit
weckt zärtliche Liebe.

Wie schön
ist doch diese Welt,
und welch ein Wunder
sind die Wesen in ihr.

OFFENE RÄUME

Das Nichts
ist ein offener Raum,
in dem alle Formen entstehen.

Die Zeit
ist ein offener Raum,
in dem jedes Sein geschieht.

Der Geist
ist ein offener Raum,
in dem alles Denkbare möglich.

Das Herz
ist ein offener Raum,
in dem alle Wesen geborgen.

FREIE MITTE

Das Innere des Kreises
wie die Mitte des Rades
ist leer.

Im Drehpunkt des Tanzes
wie im Zentrum des Taifuns
ist niemand.

In der Mitte des Nichts
liegt der Ursprung des Alls,
die Quelle des Werdens.

Das Nicht – Ich
erschafft das Seiende
und wird zu dem,
was sein oder geschehen will.

Es ruht in sich,
lässt das Rad sich drehen
und genießt
die Schönheit des Daseins.

SCHÖN IST DIE WELT

Das Herz ist voll Staunen,
welche Vielfalt
und wie viel Schönheit ist.

Unzählige Sterne glühen
in der Weite des Raumes,

Planeten mit Gashüllen,
Ozeanen und Kontinenten
kreisen um Sonnen.

Wind und Wolken sind,
Berge und Flüsse.
Bäume und Vögel gibt es,
Insekten und Menschen.

Wunderbar ist es,
im Körper zu sein,
zu atmen und zu fühlen.

Da ist Staunen darüber
und Dankbarkeit
im offenen Herzen.

ATMUNG

Jedes Wesen
strebt nach Überleben
und wehrt sich
gegen Unbegreifliches.

Aber das Unendliche
atmet im Irdischen,
will sich entfalten
in den Formen.

Können wir
dem Raum geben,
was sein will,
auch wenn es uns ängstigt,

damit das Unendliche
zu atmen, sich auszudrücken
und zu erstrahlen vermag
im Vergänglichen.

FRAGEN

Kann das Nichts
sich selbst erfahren?

Kann die Stille
sich selbst hören?

Kann die Weite
sich selbst durchmessen?

Das Unendliche
geht in Raum und Zeit,
das Formlose
strukturiert sich zu Wesen,
um sich zu erfahren.

So sind auch wir Menschen
Sein in der Welt -
und zugleich für immer
Teil der Unendlichkeit.

HEIMKEHR

Alles ist Staub
und kehrt zum Staub zurück.

Alles ist Licht
und kehrt ins Licht zurück.

Alles ist Nichts
und kehrt ins Nichts zurück.

VERGÄNGLICHKEIT

Freude und Schmerz,
Trauer und Lust ...
Was im Sein erscheint,
geht auch vorüber.

Vergänglichkeit
macht das Sein kostbar,
denn im Vorübergang
leuchtet das Ewige auf.

WELT

Was ist die Matrix der Welt,
die Substanz, die Struktur,
das Geheimnis, der Sinn?

Ist das Sein nichts
als quirlende Strings
in der Leere?

Ist da ein Plan,
ein strukturierender Geist,
der sich im All verkörpert?

Sind Welten nichts
als Schwingungen im Raum,
sich zu Strukturen
verklumpende Energie?

Es ist, wie es ist.
Wir können nur deuten,
nicht wissen.

Doch das Herz
kann es lieben,
das flüchtige Sein.

DAS EINE IN DER WELT

In der Welt lebt das Eine
in getrennten Körpern.

Das Eine sieht das Eine,
fühlt und berührt das Eine.

Das Eine sehnt sich,
eins zu sein, und öffnet sich.

Das Eine empfängt das Eine
und verströmt sich ins Eine.

In der Verschmelzung
zeugt das Eine sich neu.

Das Eine wächst im Einen
und wird aus ihm geboren.

So ist das mit dem Einen
inmitten seiner Welt.

DIE SCHÖPFUNG

Inmitten der Leere
begegnet das Nichts
keinem.

Nichts ist
und nichts geschieht,
sagt sich das Nichts,
wenn nicht aus mir.

Doch möcht´ ich
mich erfahren ...

Inmitten der Leere
explodiert das Nichts
und bringt das All hervor.

Das Nichts gebiert
Raum und Zeit,
Wesen und Dinge.
Und nichts ist dauerhaft.

Seither gibt es
gar viele Nichtigkeiten,
die sich für wichtig halten,
mitten im Nichts.

Was für ein Spiel!

DAS NICHTS IN ALLEM

All die Dinge und Wesen
existieren im Nichts,
kommen aus dem Nichts
und werden im Nichts enden.

Im Vergehen der Zeit,
im Sterben der Sterne
wie im Altern der Wesen
ist das Nichts anwesend
mitten im Sein.

Eigentlich bin ich nichts
mitten im Nichts.

Wozu sollte ein Nichts
kämpfen oder leiden,
indem es etwas will?

Warum nicht
voll Freude sein,
da alles leer - und
grenzenlose Freiheit ist?

AUS GOTT

Vor dem Anfang der Welten
gab es nichts
als das Unnennbare.

Jenes Namenlose
nannten unsere Eltern Gott.

Was wurde,
hat dieser Gott hervorgebracht
und es besteht aus ihm.

So bin auch ich
Gott vom wahren Gott
in einem All aus Gott.

Gott kommt
in mir zur Welt,
sich zu erfahren.

So ist das mit Gott,
mit mir
und dem Sinn der Welt.

EIN SEIN

Das ist
das Geheimnis des Alls:

Alles ist göttliches Sein.

Da ist keine Trennung
und keine Verschiedenheit.

Alles ist eins
und alles ist heilig.

Es gibt nur das Eine,
namenlos und unbegreiflich,

das in sich Welten bildet,
gestaltet und bewohnt,
bis es sie wieder auflöst.

TRENNUNG

Das Eine,
das alles umfasst,
vermag sich selbst
nicht zu sehen.

Um etwas
von sich zu erfahren,
muss es sich
im Gegenüber erleben.

In der Vielfalt erblickt es
immer nur Einzelnes
und erlebt sich so
als begrenzt und getrennt.

Obwohl es sich
als vereinzelt erfährt,
bleibt es doch immer
nichts als das Eine.

NUR GOTT

Alles in dieser Welt
besteht aus Gott
und es gibt nichts als Gott.

Gott atmet Gott
und lebt von Gott.

Gott frisst Gott
und gibt sich als Nahrung.

Gott liebt und hasst,
quält und missbraucht Gott.

Gott kämpft gegen Gott,
verletzt, versklavt und tötet Gott.

Warum tut Gott sich all dies an
in dieser seltsamen Welt?

Doch alles, was erfahren wird,
ist für immer in Gott geborgen.

STILLE

Bevor etwas wurde,
war Stille.

Alles ist
aus Stille geworden.

Alles ist
von Stille umhüllt.

Alles wird
in Stille vergehen.

ICH ?

WER BIN ICH?

Was wurde da geboren,
als ich zur Welt kam,
was ist in mir hier
und will nun leben?

Wie alles Sein bin ich
ein Kind des Namenlosen,
das vor dem Anfang war
und nach dem Ende sein wird.

Ich bin ein Teil des Unfassbaren,
das in sich alles Sein entfaltet.

Ich bin das unnennbare Eine,
das sich in vielerlei Gestalt erfährt
und gegenwärtig
auch in diesem Körper lebt.

Ich bin der grenzenlose Geist,
der Welten bildet und vergehen lässt,
durch den die Zeiten ziehen
und der für immer ist.

MENSCHSEIN

Wir Menschen
sind seltsame Wesen:

Körper aus Fleisch
wie die Tiere,
begrenzt und verletzlich,

aber auch fragender Geist,
suchendes Herz,
sehnende Seele.

Die Schwere der Erde
und die Weite des Geistes
reißen uns wechselnd
in verschiedene Richtungen.

In diesem Spannungsfeld
leben und fühlen wir.

Vergänglich sind wir,
aber auch grenzenlos,
denn in uns
verkörpert sich das Unendliche.

ICH BIN

Ich bin mehr
als nur ein Körper
mit einem Namen
und einer Lebensgeschichte.

Da ist ein Geheimnis:
Unbekannt der Sinn,
unerkannt die Substanz,
unbestimmbar die Grenzen.

Zu vielschichtig bin ich,
um mich begreifen zu können,
zu weit, mich zu fassen,
zu tief, mich auszuloten.

Unfassbar bin ich,
unnennbar trotz meiner Namen.
Grenzenlos ist mein Sein,
weil ich aus dem Unendlichen bin.

AUS DEM NICHTS

Ich bin aus jenem Nichts,
das vor dem Anfang war
und nach dem Ende sein wird.

Bin ich ein Wesen,
das nur vorübergehend
lebt und liebt und leidet?

Bin ich das Eine, das sich
in vielerlei Gestalt erfährt
und jedes Sein bejaht?

Bin ich das Nichts,
in dem die Welten
werden und vergehen?

Das alles bin ich –
ein Einzelnes,
das Ganze ... und auch Nichts.

ERFAHRUNGEN

Da ist offene Weite
ohne Weg oder Ziel.

Das sind Orientierungsverlust,
Erschöpfung und Trauer.

Aber wer ist da traurig,
ratlos und geängstigt?

Da ist ein Bewusstsein
in einem Körper,
das oft nicht versteht,
was ihm widerfährt -
und vor allem warum.

Will das namenlose Eine
in mir all das erfahren,
was mir geschieht?

Dann möge es sein.

WER IST DA?

Da ist ein Körper,
der auf der Erde lebt.

Da sind Gedanken
und Gefühle.

Da ist ein Name
und eine Geschichte.

Aber da ist keiner,
der aus sich
und unabhängig existiert.

Da ist nur Sein,
das in einem Wesen
Leben spielt.

Doch dieses Sein
ist ich –
und ich bin dieses Sein.

DAS WESEN ICH

Was im All existiert,
ist Energiegeflimmer
in der Leere,
sind sich wandelnde,
vergängliche Formen.

Auch ich
Komme aus dem Nichts,
bin umgeben vom Nichts
und kehre
ins Nichts zurück.

Das Wesen „Ich"
ist wie ein Nichts,
das jemand sein will.

Es lebt sich schwer,
etwas sein zu wollen,
was nicht ist,
um Sinn zu setzen.

Leichter wäre es,
spielerisch Sein zu sein,
denn jenseits der Formen
nichts als Weite und Stille.

KEINER

Ein Körper,
der geboren wurde
und sterben wird.

Ein Name,
der gegeben wurde
und nichts bedeutet.

Gedanken und Gefühle,
die vorüber fließen
oder festgehalten werden.

Ein Wesen voller
Erinnerungen und Pläne,
Wünsche und Ängste.

Ein vergängliches Sein,
aber niemand,
der irgendetwas weiß,
besitzt
oder auszurichten vermag,
denn da ist keiner.

KIND DER SEHNSUCHT

Vor allem Sein war Nichts.

Wie das All bin ich
ein Kind der Sehnsucht
der Leere nach dem Sein,
des Unendlichen nach Formen,
des Unberührten nach Kontakt.

Ich bin eine Form des Nichts,
Verkörperung des Unfassbaren,
Gestalt des Grenzenlosen.

Zugleich bin ich
das Namenlose selbst,
dem alles Sein entstammt.

Nichts ist gekommen,
keiner ist da,
und nichts kann vergehen
außer flüchtigen Formen.

Doch es ist, was ist -
und es ist kostbar ... und schön.

NICHTS

Ich weiß nichts,
nicht die Ursache,
das Ziel oder den Sinn.

Ich habe nichts,
keine Sicherheit,
keinen Halt,
keine Dauer
keine Bedeutung.

Ich bin nichts,
nichts Wichtiges,
nichts Eigenes,
nichts Besonderes.

Ich bin nichts -
nichts als das Nichts
in Form eines Menschen.

KEINER SEIN

Ungewohnt ist es,
keiner zu sein.

Kein Selbstbild,
keine Identität,
keine Rolle.

Die Lebensgeschichte
wie der Name
sind bedeutungslos.

Keiner sein
heißt nicht zu wissen.

Da sind
Fühlen und Sehnen.

Aber da ist kein Wissen,
wer da fühlt

oder wer
weshalb in der Welt ist.

UNFASSBAR

Ich bin nicht jener,
der ich zu sein meine
oder zu sein scheine.

Unfassbar bin ich
und namenlos,
unbegrenzt und zeitlos.

Hier bin ich
und überall,
jetzt bin ich
und immer.

Alles bin ich,
und jeder.

Quelle bin ich
und Ziel,
denn ich bin,
der ich bin.

OFFENHEIT

Ich bin offen
und durchlässig,
verbunden
und grenzenlos.

Alles ist offen
und durchlässig,
verbunden
und grenzenlos.

Nirgends ein Halt.

DIE SUBSTANZ

In der Substanz
bin ich der Ungeborene,

ungeschaffen
und unvergänglich,

ungetrennt
und untrennbar,

namenlos
und ohne Ich.

DER WEG

VERGEBLICHE SUCHE

Es ist erahnbar,
aber es ist nicht zu finden.

Wenn es doch gefunden wird,
ist es nicht zu fassen.

Und wenn es erfasst wird,
ist es nicht zu besitzen,

denn es ist alles –
und nichts.

NICHTS SEIN

Wer nichts sein will
und nichts hat,
nichts begehrt
und nichts abwehrt,
nichts bewertet
und nichts ausgrenzt,,

erlaubt dem Wahren
zu sein
und das Eine
leuchtet aus ihm.

BEFREIUNG

Aufgeben
Wollen und Suche.

Vergessen
Wissen und Glauben.

Loslassen
Reichtum wie Armut.

Hingeben
Gegenwart wie Zukunft.

Am Ende des Weges
ist keiner mehr,

der etwas sein
oder wissen,
haben
oder erlangen könnte.

Da ist nur noch Leben,
bewusstes, fließendes Sein
inmitten von Sein.

DAS REINE LAND

Offene Weite ist es,
unsichtbar und unfassbar.

Nirgendwo ist es – und überall,
umhüllt und durchdringt jedes Sein.

Ohne Werten und Richten
nimmt es alles auf.

Nur mit reinem Herzen
ist dieses Land zu finden.

Hier und jetzt ist es,
auch wenn wir es nicht sehen
und nie fassen können.

Wer alles loslässt
und nichts mehr für sich will,
kann es betreten.

Unsere Seelen, die frei sind
von Verlangen und Angst,
wohnen schon immer
im reinen Land.

DAS WUNDER

Was ich suchte,
hat mich gefunden.

Was ich verstehen wollte,
hat mich ergriffen.

Was mich erlösen sollte,
löscht mich nun aus.

Der Tropfen
fällt ins Meer.

Der Funke
stürzt in die Sonne.

Der Name
verhallt in der Stille.

DAHINTER

In der Stille
erscheinen und verklingen
Worte und Lieder.

Im Bewusstsein
kommen und verschwinden
Gefühle und Gedanken.

In der Leere
entstehen und vergehen
Wesen und Welten.

Tragend aber
ist die Stille
in den Worten,

der Geist
in den Gedanken

und das Unnennbare
im Dasein.

DER RUF DER STILLE

Grenzenlos ist
die Sehnsucht der Seele,
das sie
aus dem Unendlichen kommt.

Die Stille ruft,
die Wahrheit zieht uns,
nicht mehr zu fliehen,

die Angst anzuschauen,
jeden Halt zu lassen
und in die Tiefe zu fallen,

um zu erwachen
aus dem Trennungstraum,
die Wirklichkeit zu schauen

und heimzukehren
in die Erfahrung
des immerwährenden Einsseins.

DAS WIRKLICHE

Das Fassbare
ist nicht das Lebendige.

Das Erkennbare
ist nicht das Ganze.

Das Sagbare
ist nicht das Eigentliche.

Es gibt nichts zu erkennen
als das Nichtwissen

und nichts zu tun,
als loszulassen,

was weder Sinn noch Halt
zu geben vermag,

um endlich frei zu sein.

IM SCHWEBEN

Wer bin ich?
Wohin gehe ich?
Wozu bin ich?

Woher Richtung oder Ziel?
Es gibt keine Gewissheit,
keine Sicherheit, keinen Halt.

Soll ich mir Ziele setzen
und Sinn ausdenken?

Warum jemand sein,
warum
etwas erreichen wollen?

Wenn etwas sein soll,
wird es sein.
Wenn etwas geschehen soll,
wird es geschehen.
Was getan werden soll,
wird getan werden.

Uns Menschen
bleibt Hingabe.

SEIN SEIN

Wir können das Sein
weder begreifen
noch kontrollieren.

Da sind nur
Nichtwissen und Ohnmacht.

Das wahre Sein
ist jenseits der Gedanken
und Gefühle.

Sein nicht denken
oder lenken wollen,
sondern lebend erfahren.

Tun und Nichttun
geschehen lassen.

Die Stille tritt hervor,
wenn der Lärm zurückgeht.

Sein sein im Nichts.
Nichts sein im Sein.
Seiendes Nichts sein ....

EINFACH LEBEN

Sehnsucht danach,
einfach da zu sein.

Nehmen, was kommt,
fühlen, was ist,
lassen, was geht.

Offene Weite sein.

Durchlässig sein
und ohne Widerstand,
bereit zu empfangen
und hinzugeben.

Das Dasein
in Demut erfahren.

Atmen und Fühlen.
Schauen und Staunen.
Danken und Segnen.

DAS ENDE JEDER SUCHE

Ich habe Gott gesucht
und mich gefunden.

Ich habe mich gesucht
und Gott gefunden.

Was sich suchte,
ist angekommen bei sich,
im Namenlosen.

Die Suche
ist zur Ruhe gekommen
im großen Ich.

Nun ist da
kein Name mehr,
keine Identität,
kein Sinn oder Halt.

Da sind nur noch
Nichtwissen und Hingabe,
Weite und Stille.

IM HINGEBEN

Aufgeben,
begreifen zu wollen.
Es ist, was ist.

Aufhören
zu warten und zu sehnen.
Es geschieht, was geschieht.

Loslassen,
lenken zu wollen,
Es wird sein, was sein wird.

FREIHEIT

Da es kein Ziel gibt,
ist Freiheit.

Da kein Ich existiert,
ist Einssein.

Da keiner
überleben muss,
enden
Ängste wie Kämpfe.

DANACH ERST

Wer gesucht hat
und aufgibt,
kann gefunden werden.

Wer nach Halt gegriffen hat
und loslässt,
kann aufgefangen werden.

Wer zu wissen meinte
und vergisst,
kann erfahren.

Wer sich behaupten wollte
und sich hingibt,
kann Frieden finden.

JENSEITS DER SUCHE

Es gibt nichts zu suchen,
Glückssucher.
Glück ist nicht zu halten.

Es gibt nichts zu suchen,
Wahrheitssucher.
Die Wahrheit ist unbegreiflich.

Es gibt nichts zu suchen,
Gottsucher.
Gott ist unfassbar.

Selbst du, Sucher,
bist nicht zu finden,
zu verstehen oder zu lenken.

Kannst du damit leben,
nicht mehr zu hoffen,
sondern einfach zu sein?

ERLÖSUNG

Oft ist unbegreiflich,
was geschieht.

Wir Menschen
fühlen uns ohnmächtig
und ausgeliefert.

Religionen versprechen
Auserwähltheit,
Erlösung und ewiges Leben.

Doch jede Rettung
ist ausgedacht.

Erlösung ist unnötig,
da niemand ist,
der erlöst werden könnte.

Alles und überall
ist endloses göttliches Sein
in der Weite.

STAUNEN

Mitten im Leben
so viel Weite.

Das Hier ist grenzenlos,
das Jetzt unendlich.

Mitten darin
ein flüchtiges Wunder –
das Sein.

Was für ein Geschenk ....

AM ENDE DES WEGES

Am Ende des Ich-Daseins
ist alles hingegeben:

Suche und Sucher,
Wissen und Wissender,
Glaube und Glaubender,
Zweifel wie Zweifler.

Geblieben sind Offenheit,
Demut und Dankbarkeit.

IN DER WELT

VOLLSTÄNDIG SEIN

Entschlossen im Körper sein
und vollständig
im Unfassbaren ruhen.

Mit vollem Einsatz leben -
und total hingegeben.

Erfahren
Nichtwissen und Ahnen,
Ohnmacht und Größe,
Verlassenheit und Einssein.

Sich ausliefern an das Sein
und das leben,
was wahr werden möchte.

Durchscheinend werden
für die innere Wahrheit.

Ganz hier sein,
doch verankert
in der Weite
des Unbegreiflichen.

DENKEN

Im Raum des Denkens
ist alles denkbar.

Das Gedachte aber
ist begrenzt
und beschränkt so
den Denkenden.

Wir erfahren Trennung,
weil wir uns als einzeln
und begrenzt denken.

Die Welt des Bewusstseins
ist endlos
wie die Wirklichkeit.

Ohne Denken und Definieren
kann im geistigen Raum
Begegnung
mit dem Unendlichen geschehen.

DAS HERZ

Das Herz
ist das Zentrum
und umfasst doch
das Ganze.

Sein Wesen
ist Offenheit,
seine Liebe
bedingungslos.

Mitten im Ungewissen
schafft es Beziehungen
und nährt das Leben.

Das Herz lässt uns
in der Endlosigkeit des Alls
fühlende
und liebende Wesen sein.

EIN SELTSAMES SPIEL

Wie farbloses Licht
zum Regenbogen,
entfaltete sich Nichts zum All.

Indem es sich trennt
in vielerlei Formen,
erfährt das Nichts das Sein.

Auch Menschen
sind nichts als entfaltetes Nichts.

Doch sie entwickeln oft
ein sonderbares Eigenleben.

Sie wollen Anerkennung,
Macht und ewiges Leben,
obwohl sie doch
aus Nichts bestehen.

Was für ein Spiel
von Nichtigkeiten,
die sich für wichtig halten,
mitten im Nichts.

EINZIG DAS HERZ

Der Verstand vermag
das Sein nicht zu verstehen.

Die Hände
können nichts festhalten.

Das offene Herz aber
umfasst und beseelt alles,
was war, was ist und sein wird.

GEFÄSSE

Kein Wesen
vermag sich selbst zu füllen.

Jedes Sein ist ein Gefäß
für das Göttliche.

Je weiter ein Herz
und je offener ein Geist,
umso mehr Raum für Gott.

Wie viel Leere lassen wir zu?

EINFACH DIES

Das Eine ist offene Weite
voll flüchtiger Formen.

Welten werden –
und zerfallen,
Lebewesen erblühen –
und vergehen.

Da ist keine Tragik:
Erscheinungen des Einen
wandeln sich nur.

Das wahre Sein
braucht weder Form
noch Namen.

Die Welt ist
ein Wunder im Nichts,

ein Geschenk der Leere
an sich selbst,

das einst wieder
in ihr aufgehen wird.

GEGANGEN

Verblasst ist das Ich,
gegangen das Selbstbild,
verloren die Ziele.

Das Bewusstsein
ist offene Weite,
bewohnt von Gedanken,
belebt von Gefühlen.

Manchmal sind da
Verwirrung, Unruhe, Langweile
oder Verlangen nach Halt.

Der Geist erfährt es,
erinnert sich
und übt sich darin,
spielerisch im Sein zu sein.

GÖTTLICHES SEIN

Alles im All ist aus Gott.
Auch ich bin wahrer Gott
vom wahren Gott.

In mir erfährt Gott
das Sein in der Welt,
Körperlichkeit und Lebensfreude
wie die Illusion von Getrenntheit.

In mir erfährt Gott
Sehnsucht und Schmerz,
Lust und Ohnmacht.

So bin ich
ein Lebewesen auf der Erde
wie in meiner Substanz
ewiges göttliches Sein.

NAMENLOS

Es ist, was ist.
Es geschieht, was geschieht.
Es wird sein, was sein wird.

Oft ist es unerwartet,
unbegreiflich oder unangenehm.

Aber was bringt es,
dagegen anzugehen?

In der Hingabe
endet das Leiden.

Im Loslassen
entsteht Geborgenheit.

Die Stille weitet sich,
erfasst und verwandelt alles.

Es bleibt glückseliges Sein
im Unbegreiflichen.

WAS IST DA?

Ein Stern leuchtet.
Eine Wolke zieht.
Eine Amsel singt
Ein Mensch staunt.

Was ist da
in der Leere des Alls?

Einfach etwas Sein
mitten im Nichts?

Ist da nur Vergängliches
im zeitlosen Raum?

Ja, da ist Endliches
im Unendlichen,

aber das Vergängliche
ist in sich auch das Ewige,
das sich nur wandelt
im Werden wie Vergehen.

IM FLUSS

Ein vergänglicher Körper,
flüchtige Gedanken
und wechselnde Gefühle.

Ein Name, einige Bilder,
ein paar Erinnerungen
und Beziehungen.

Da ist nichts von Dauer.
Da ist kein Halt,
keine Macht über das Leben.

Das Einzelne
hat keinen Bestand
in dieser Welt.

Was bleibt,
als sich dem Fluss hinzugeben,
etwas Strömendes
in strömendem Sein zu sein.

Und siehe,
darin zeigen sich
Freiheit und Glück.

IM NICHTWISSEN

Sein ist,
aber was ist Sein?
Wieso ist es
und wozu?

Es hat keinen Grund,
keinen äußeren Sinn
und kein Ziel.

Wie kann ein Mensch
in dieser Ungewissheit leben?

Nun, man kann
offen sein und staunen,
sich berühren
und sich führen lassen.

Nicht der Verstand,
das Herz vermag
das Wesentliche zu erkennen.

Das Herz setzt Sinn
und schafft Beziehungen
in der Dynamik des Chaos.

FORMEN DER LIEBE

Die Sonne ist Liebe -
sie leuchtet und wärmt
ohne jede Bedingung.

Die Erde ist Liebe –
sie trägt und gibt Raum
ohne jede Erwartung.

Leben ist Liebe –
die Wesen nähren einander
ohne jeden Dank.

Gott ist Liebe –
gibt sich immerfort
in die Welt,
wird zu Materie,
Energie und Bewusstsein

So sehr liebt Gott,
dass er sich den Erfahrungen
von Getrenntheit
und Vergänglichkeit aussetzt,
damit ein Sein sein kann.

NACKTES SEIN

Nackt tanzt das Sein
in der Leere,
ungeschützt und verletzlich.

Mitten im Nichts
ist jedes Leben
solch ein Wunder.

Wie schön es ist
und wie schutzlos,
wie kostbar
und wie vergänglich.

Ich bin ein Teilchen
dieses Seins –
und auch das Ganze.

Ich bin der Tanz
wie der Raum,
in dem der Tanz geschieht.

Und ich bin jener Geist,
der alles dies
erträumt und gebiert,
gestaltet und belebt.

SEIN UND NICHTS

Was für ein Wunder,
das inmitten der Leere
vielfältiges Sein ist.

Das Formlose
ersehnt Gestalt,
die Lebewesen aber
wollen Unbegrenztheit.

Sein und Nichts
gehören zusammen
und wandeln sich ineinander.

Das Nichts umhüllt
und durchweht das Sein,
das Sein strukturiert
und belebt das Nichts.

Letztlich aber
sind Form und Formlosigkeit
nichts als das Eine.

TANZENDES SEIN

Wunderschön ist das Sein
mitten im Nichts,
entfaltet sich mutig,
bevor es vergeht.

Wie die Sterne aufleuchten,
bevor sie verglühen,
übermütig spielen
die Mücken im Herbst.

Wie die Blätter im Herbst
noch leuchten im Fallen,
die Gräser im Welken
ihre Samen verstreuen.

Mütter nähren den Nachwuchs
mit ihrem Leib,
Kinder spielen und lachen
umgeben von Schmutz.

Ja, nackt tanzt das Leben,
verwundbar und schön
angesichts des Vergehens.

WELT

Was ist die Struktur,
die Matrix des Alls,
was die Substanz,
das Geheimnis der Welt?,

Ist das Sein nichts
als flirrende Strings
in leerem Raum?

Ist unsere Welt
nichts als Energiegeflimmer,
das sich zu Materie verklumpt?

Oder ist da ein Schöpfungsplan,
ein strukturierender Geist,
der sich im All verkörpert.

Es ist, wie es ist –
wir können nur deuten,
nicht wissen.

Doch das Herz
kann es lieben,
das flüchtige Sein.

LEERE HÄNDE

Nach all den Jahren
sind meine Hände
immer noch leer.
Nichts,
was ich vorweisen könnte.

Nach all den Jahren
sind meine Hände
immer noch leer.
Nichts,
was ich festhalten müsste.

Nach all den Jahren
sind meine Hände
endlich leer –

und frei
zu empfangen.

Das Denken wird stiller
und das Herz
beginnt sich zu öffnen.

DAS EIGENTLICHE

Das Unnennbare
ist ewig und grenzenlos,
ungeschaffen und unvergänglich.

Das Namenlose
bildet Zeit und Raum,
Materie, Energie und Bewusstsein.

Es liegt auf der Hand,
ist aber nicht greifbar.

Es durchdringt den Geist,
ist aber nicht fassbar.

Es hat viele Namen,
ist aber unsagbar.

Liebevoll
umhüllt und erfüllt es alles,
was es hervorgebracht.

„Es gibt keine Materie"

H.P.Dürr, Atomphysiker

WAS IST DAS ALL?

Das All
ist ein Geflecht
aus Raum und Zeit.

Das All
ist ein Geflecht
aus Energie und Licht.

Das All
ist ein Geflecht
aus Anziehung.

Das All
ist ein Geflecht
aus Hingabe und Liebe.

Das All
ist ein Geflecht
des Einen.

OFFENEN HERZEN

Offenen Herzens
mit dem sein, was ist.

Wahrnehmen,
staunen, annehmen
und dankbar sein.

Bejahen die Schönheit,
die Vergänglichkeit,
die Sehnsucht
und den Schmerz
des Seins in dieser Welt.

DAS EINE

In der Vielfalt des Seins
verbirgt und zeigt sich
das Eine.

In allem, was mir geschieht,
sehe und erfahre ich
das Eine.

In dem, was ich lebe,
entfaltet und offenbart sich
das Eine,

denn da ist nichts als das Eine.

Vom gleichen Autor ist bei tao.de lieferbar:

ATMENDES NICHTS

Gedichte vom Sein

Zeitfracht Medien GmbH
Ferdinand-Jühlke-Straße 7
99095 Erfurt, Deutschland
produktsicherheit@kolibri360.de